Aux Mânes

DE

LA ROCHEFOUCAULD.

HOMMAGE

D'UN ANCIEN ÉLÈVE DE L'ÉCOLE DE CHALONS.

PRIX : 75 CENT.

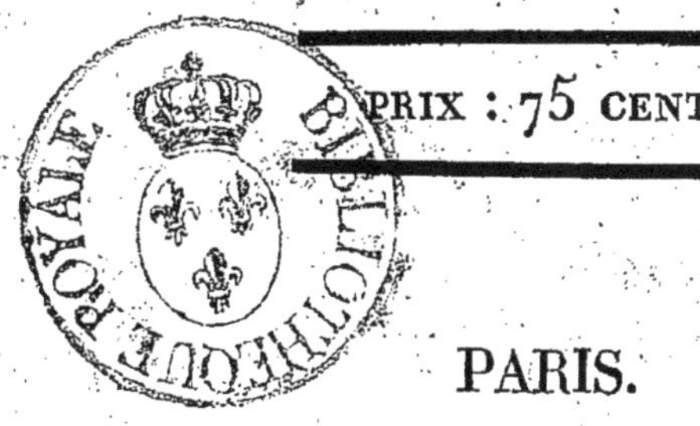

PARIS.

CHEZ LES MARCHANDS DE NOUVEAUTÉS.

Aux Mânes

DE

LA ROCHEFOUCAULD.

HOMMAGE.

Noble et vertueux Liancourt! ô mon second père, toi, le bienfaiteur de l'indigent, le soutien du faible et le conseil de l'artisan, permets que je donne cours à mes larmes, et que j'inonde ton cercueil qu'hier des mains impies ont osé profaner. Permets ici que je m'empare de cette arme terrible, pour qui trame dans l'ombre, et qu'en prenant de tes mains glacées ce réflecteur dont tu poursuivis si souvent le crime , et que j'aperçois sur l'écusson (1) qui décore un coin du drap sous lequel repose ta dépouille , je m'en serve pour déceler les traits hideux de ce génie perturbateur, né pour tourmenter les humains. Permets que je le poursuive , lui, ce génie perturbateur, dont les lèvres livides reflétèrent, à sa naissance, la clarté sinistre des torches ensanglantées qui précèdent les pas du prêtre-bourreau , quand il descend dans les réduits de l'inquisition , pour présenter de sa main sanctifiée le *san-benito* que doit porter la victime réservée pour un jour de fête du saint tribunal.

I.

O LIANCOURT ! nous formions autour de toi le plus simple de tous les cortéges, nous marchions avec tes enfans , et notre cœur s'était brisé comme le leur. La tête baissée , et dans l'attitude du recueillement, nous sui-

---

(1) Les armes , ou plutôt la devise de M. de Liancourt, représente un enfant tenant un miroir à la main avec cette légende : *C'est mon plaisir.*

vions de l'œil la flamme bleuâtre qui, des coins de ton cercueil, remontait du trépied vers le ciel, quand le roulement funèbre nous dit qu'il fallait marcher vers ta dernière demeure. Nous avions porté tes restes ; nous nous présentons pour reprendre notre précieux fardeau... Mais quoi ! des baïonnettes ont brillé ; la menace est dans la bouche de l'autorité ; déjà plusieurs ont été frappés, et les fils du noble pair lui-même sont atteints et foulés aux pieds, comme si les larmes étaient tout-à-coup devenues un crime.

II.

O vous ! dirai-je, vous, qui, depuis dix ans, poursuivez le génie et la vertu, vous, qui vous êtes arrêtés, sans frissonner, près des ruines de Missolonghi, vous, qui avez vu, sans tressaillir d'horreur, la croix du patriarche foulée par le musulman, et qui nous avez raconté, à chaque revers des Hellènes, combien de têtes décorèrent les portes du sérail, rien ne devait-il vous arrêter dans ce jour de deuil public, où la France pleurait aussi un de ses patriarches, le défenseur de nos rois comme de nos libertés , le soutien du pauvre et le protecteur de l'industrie.

III.

Mais vous demanderai-je , n'étiez-vous donc point à cet autre convoi, où toute la population de la capitale suivait la dépouille d'un noble député? ou plutôt, auriez-vous oublié que la France reconnaissante , pour lui tenir compte de son dévouement, a proclamé l'adoption de ses enfans ? Ah ! le noble pair n'était-il pas dévoué comme l'élu du peuple, et la même pensée n'avait-elle pas échauffé la longue existence de l'octogénaire ?

IV.

Oui , LA ROCHEFOUCAULD est notre père , oui, LA ROCHEFOUCAULD fut notre ami , et l'outrage qui a été fait à ses restes doit retomber sur la tête de ceux qui le poursuivirent jusque sous le linceul , où le silence et le repos ne sont troublés que dans les temps où Dieu, pour châtier les peuples, trouble la tête des méchans , et les pousse vers ces scènes

d'horreur dont notre histoire moderne n'offre
que trop d'exemples.

V.

Où est donc le crime que nous avons com-
mis, pour qu'une troupe armée soit poussée
avec fureur vers un cercueil que nous entou-
rions en silence : encore une fois où est le
crime dont on nous accuse, et quelle est le
désordre dont nous sommes coupables, nous,
qui n'écoutions que le sentiment de notre
cœur ! Malheureux Français, n'as-tu pas
expié toutes tes fautes par trente ans de révolutions, et serait-il possible qu'au jour où
nous sommes on te refusât ce qui, sur les
rives de l'Indostan, et chez les peuples les
plus voisins de la nature, fut regardé comme
l'hommage le plus simple qui puisse être rendu
en l'honneur des morts.

VI.

Oui, j'ose le croire, l'insulaire, qui, d'Albion, étend son sceptre jusque sur les bords
du Gange, reculerait devant un attentat pa-

reil envers les simples enfans de la nature ; et s'il n'avait frémi d'horreur, il n'oserait accomplir sa profanation, effrayé qu'il serait de l'indignation publique et du désespoir des naturels, livrant aux eaux du fleuve sacré, le cadavre qui eût été touché de la verge du constable, comme un reste profané, que les flots se chargeraient de faire passer sous les yeux de leurs tyrans.

VII.

Eh bien ! que nous déposions nous-mêmes, et sur la place publique, les restes de nos concitoyens, si les portes du temple nous sont fermées, et que nous abandonnions aux constables la dépouille qu'ils auront flétrie, pour qu'ils s'en repaissent comme le chacal du désert, et si le champ du repos nous est interdit, abandonnons au ciel la vengeance qui devra tomber sur la tête de ceux qui n'ont pas été émus à la vue d'un cercueil !

VIII.

Mais LIANCOURT passa sa jeunesse à la cour

des princes, mais LIANCOURT se porta d'un mouvement spontané sur les degrés du trône, quand l'hydre des révolutions, gonflé des poisons de l'envie, dirigea le feu de ses yeux vers l'auguste héritier d'Henri, promettant un règne paisible aux Français fatigués de la régence. O noble citoyen, tu reçus alors la première récompense de la vertu, l'exil, cette récompense que la liberté donne comme épreuve à ceux de ses enfans qui se sont dévoués à la cause des peuples.

IX.

Là commença pour toi la carrière que tu devais fournir. Tout à tes concitoyens, tu vécus au milieu de l'étranger pour t'occuper de la patrie ; et, loin de t'abandonner contre elle à des imprécations toujours flétrissantes pour celui qui les fait, tu recueillais les plus heureuses découvertes de nos temps modernes, pensant dès-lors au plaisir d'en faire don à la France, qui t'avait donné le jour. Ainsi se présente l'ange des consolations, quand il vient féconder le cœur de l'homme, en lui révélant les secrets de l'Eternel.

X.

Mais d'Albion, où tu surprenais les secrets de la vaccine et celui de l'enseignement mutuel, tu devais aller toucher le sol hospitalier de cette république nouvelle où Washington et Franklin prirent le jour. Ah! si, du lieu où tu as retrouvé ces grands hommes, tu daignes entendre mes faibles accens, j'ose croire que l'indignation dont je me sens transporté n'aura pas troublé la paix dont tu jouis, et que des tyrans obscurs ne sauraient compromettre, quoiqu'ils aient touché de leur verge ce corps qu'ils avaient paré de vingt destitutions, comme pour consacrer une vie consommée pour le bien.

XI.

Cependant un scandale a eu lieu, et l'affront fait à la dépouille d'un pair s'est consommé près du palais d'un ministre soupçonneux. Hélas! à Dieu ne plaise que j'ose faire retomber sur lui la responsabilité d'un tel attentat. Mais si une assignation, à tant de jours,

t'était donnée par une illustre victime, ô V***,
crois-tu qu'entouré des tiens, le cortége qui
se presserait autour de tes restes ....
..... Je m'arrête, car des larmes s'échappent
de mes paupières, et la haine ne saurait m'ani-
mer quand je pleure la perte d'un père et d'un
bienfaiteur.

XII.

Champ de repos ! dernier asile de l'homme,
tu fus, dans tous les lieux et chez tous les
peuples, un endroit consacré où la vie hu-
maine, comme un problême insoluble, semble
se perdre dans la nuit de l'infini. C'est à tes
portes que le méchant s'arrête quand sa victime lui échappe ; c'est sous les ombres épaisses
de tes bosquets de cyprès que le sage aime à
s'égarer, pour se rassasier de ces pensées vagues
et indéterminées qu'il a long-temps poursui-
vies, et qu'il croit trouver enfin là où il ne
reste plus qu'un pas à faire pour passer du
fini à l'éternité. Faut-il que ce séjour nous soit
interdit !

XIII.

O vous, qui peut-être, à la fleur de l'âge,
avez conduit plus d'une fois, à ce dernier
asile, des parens ou des amis, ne sentez-vous
pas avec moi le besoin de savoir que cette terre,
que vous avez arrosée de vos larmes, n'a pas
été foulée par des mercenaires ; que la dépouille de celui que vous avez perdu repose dans le silence, et que ses cendres ont
été honorées d'un dernier hommage. Ah! de
quel cruel déchirement mon âme a été atteinte,
quand j'ai vu, sous les haillons de la police, le
rire atroce de l'envie insulter à-la-fois, et la
mémoire des morts et la douleur des vivans.

XIV.

O doux souvenir, toi seul tu répands sur les
longues périodes cette lueur paisible qui efface
tout ce que la mort a de hideux et de pénible.
Oui, je te révère, ô sentiment indéfinissable,
affection triste et mélancolique, pâle lumière
du passé, nouvel amour qui s'entretient de

larmes et de tiraillemens de douleurs et d'es-
pérauces, comme le rayon du ciel qui fé-
conde la terre et réchauffe son sein, tu apaises
aussi les douleurs de l'âme, et tu rends à celle-
ci sa force et son activité. Est-ce donc un
crime d'aimer et de pleurer? Est-ce un crime
d'avouer sa douleur? Est-ce un crime de l'ex-
primer???

IMPRIMERIE ANTHELME BOUCHER, RUE DES BONS-ENFANS, N°. 34.